Hommage à Fernand Foureau

MEMENTO

de la

Mission Saharienne

1898-1900

BOURGES
IMPRIMERIE RÉGIONALE J. FOUCRIER
Place Berry et Rue des Arènes

1914

Hommage à Fernand Foureau

MEMENTO

de la

Mission Saharienne

1898-1900

BOURGES
IMPRIMERIE RÉGIONALE J. FOUCRIER
Place Berry et Rue des Arènes

1914

Table des Matières

Avant-Propos

Les dernières paroles que m'adressa le Commandant Lamy mourant furent pour me recommander de faire le relevé exact des morts et des blessés de la Mission Saharienne. Fidèle au mot d'ordre, à l'occasion de la mort de Fernand Foureau, que nous eûmes l'honneur d'escorter dans sa glorieuse entreprise, je viens rendre l'appel à notre chef au jour anniversaire de sa mort et dire où en est le personnel dont il m'a laissé la charge.

22 *Avril 1914.*

Colonel REIBELL.

I

MISSION SAHARIENNE

Au Drapeau !

La Mission Saharienne, à laquelle sont attachés les noms de Foureau et de Lamy, vient de perdre le second de ses chefs, enlevé le 17 janvier 1914, au lendemain même du vote par le Parlement de la loi du 31 décembre 1913, qui avait attribué à M. Foureau une pension à titre de récompense nationale.

Mais l'œuvre réalisée n'en subsiste pas moins. Celle-ci se résume en quelques mots par la grandeur des résultats obtenus : la première traversée du Sahara mystérieux — la conquête du Tchad — la destruction de l'Empire de Rabah. C'était, après vingt ans, la réalisation du rêve de Flatters et de Crampel. La création de l'Afrique équatoriale en fût la conséquence. Le temps écoulé n'en fait que mieux ressortir l'importance.

Mais, si grands qu'en aient été les fruits, la Mission Saharienne, désormais décapitée, risque de tomber dans l'oubli, si le souvenir n'en est pas fixé au drapeau même du régiment qui en a fourni l'escorte. C'est pour cette raison que nous demandons que l'inscription *Mission Saharienne* figure au drapeau du 1er Tirailleurs Algériens auquel fût rattaché tout l'effectif des militaires en ayant fait partie, au nombre de *317*.

Le glorieux emblème du 1er Tirailleurs compte, il est vrai, déjà cinq inscriptions : Laghouat, Sébastopol, Solférino, San-Lorenzo et Extrême-Orient ; mais aucune loi, à notre connaissance, n'en limite le nombre et il semble impossible de l'arrêter *a priori*, sans savoir ce que réserve l'avenir. En tout cas, si une exception doit être faite, il semble bien que ce soit dans une circonstance pareille. Les hommes passent, les institutions restent.

Nous demandons que le culte des Chefs héroïques de la Mission Saharienne Foureau-Lamy soit confié au 1er Tirailleurs Algériens et consacré par l'inscription de la Mission Saharienne à son drapeau, dont le commandant Lamy avait emporté quelques franges qui furent retrouvées sur son cœur, lorsqu'il périt au combat de Kouchéri, le 22 avril 1900, à l'apogée de son succès, et qui furent pieusement rapportées à Blida au retour de la Mission.

II

ANNÉE 1898
—
N° 143
—

1er Régiment de Tirailleurs Algériens

ORDRE DU RÉGIMENT

Départ de la Mission Saharienne. — Le 1er Tirailleurs vient d'être appelé à une mission glorieuse, celle de planter au loin dans des régions inexplorées le drapeau de la France et d'ouvrir une voie nouvelle à la civilisation.

Le Colonel ne veut pas laisser partir les braves et vigoureux soldats qui se sont offerts généreusement avec tant d'autres pour accomplir cette haute mission sans leur adresser ses adieux et ses vœux.

Officiers, sous-officiers, caporaux et soldats de la Mission Saharienne,

Votre tâche sera sans doute longue et pénible, vous aurez non seulement à triompher d'un ennemi jaloux de son indépendance et qui a joui trop longtemps de l'impunité, mais aussi à supporter les fatigues de longues marches, les privations et les épreuves du séjour dans des pays lointains.

Votre courage et votre énergie seront toujours à la hauteur des circonstances, vous avez été choisis parmi les meilleurs, vous êtes l'élite du 1er Tirailleurs, des soldats de votre trempe ne connaîtront jamais le découragement; quels que soient les obstables semés sur votre route, vous saurez les vaincre. Et puis, vous êtes conduits par des chefs expérimentés et de haute valeur.

Le commandant Lamy, que vous connaissez tous, est un des anciens du 1er Tirailleurs, il a marqué sa place au premier rang dans nos expéditions coloniales, les services distingués qu'il a rendus au pays lui ont valu l'insigne honneur d'être choisi comme officier d'ordonnance du Président de la République.

Le commandant Lamy n'hésite pas à quitter ce poste envié pour venir se mettre à votre tête partager vos dangers et vos fatigues et vous guider dans la noble tâche que vous allez remplir. Donnez-lui votre entière confiance, rendez lui en abnégation, en dévouement, en affection, la sollicitude qu'il aura pour vous, l'intelligence et l'énergie qu'il déploiera pour vous mener au but; en revanche, vous pouvez être sûrs, lorsque l'heure des récompenses aura sonné, que personne ne sera oublié.

Nous tous, qui n'avons pas l'honneur de marcher avec vous, nous suivrons avec passion vos étapes glorieuses, nous serons fiers de vos succès et nous sommes certains que vous ajouterez une auréole de plus à notre cher drapeau qui vous accompagnera demain à votre départ.

Soldats de la Mission Saharienne,

Vos frères d'armes du régiment vous accompagnent de leurs vœux et le Colonel, au nom de tous, vous dit : *Au Revoir.*

Blida, le 19 Septembre 1898.

Le Colonel Commandant le Régiment,

Signé : MENESTREL.

III

PRINCIPALES ÉTAPES DE LA MISSION SAHARIENNE

(1898-1900)

De Blida à Biskra, par chemin de fer du 20 au 21 septembre 1898

A. De Biskra à Ouargla, du 27 septembre au 12 octobre 1898 .... 400k

B. De Ouargla à Timassanin (Fort Flatters), dans l'Erg, du 23 octobre au 18 novembre 1898... 475k

B. De Timassanin à Tikhammar, aux confins Touaregs, du 26 novembre au 20 décembre 1898........ 318k

D. De Tikhammar à Tadent, dans le Tassili des Azdjer, du 27 décembre 1898 au 17 janvier 1899........ 363k

E. De Tadent à In Azaoua, Tanezrouft, du 27 janvier au 11 février 1899........ 300k

F. D'In Azaoua à Ighezzar-l'Aïr, du 12 au 24 février 1899........ 270k

G. Séjour à Ighezzar, reconnaissance chez les Kel Oui, retour à In Azaoua pour y rechercher du matériel du 25 février au 25 mai 1899....... 900k

H. d'Ighezzar à Agadès, à travers l'Aïr, du 25 mai au 28 juillet 1899........ 350k

I. Séjour à Agadès et reconnaissances dans le pays, du 29 juillet au 16 octobre 1899........ 200k

J. D'Agadès à Zinder, le Damergou, du 17 octobre au 2 novembre 1899........ 450k

K. Séjour à Zinder, reconnaissance de Tassaoua, du 2 novembre au 26 décembre 1899........ 449k

L. De Zinder au lac Tchad, à travers le Manga, du 27 décembre 1899 au 2 février 1900....... 707k

M. Du lac Tchad au Chari, à travers le Kanem, du 3 février au 3 mars 1900........ 700k

N. Séjour à Kouchéri sur le Chari du 3 mars au 26 avril 1900, combat de Kouchéri le 22 avril 1900........

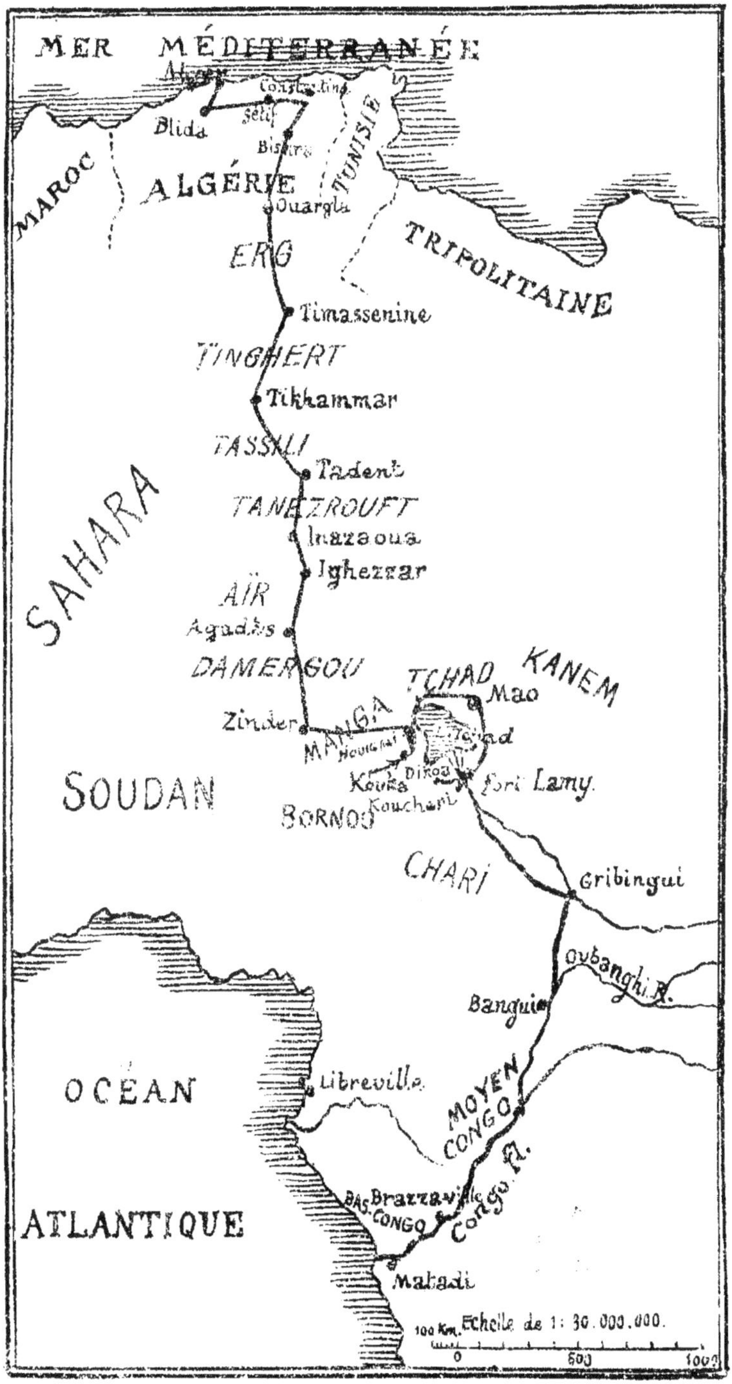

MER MÉDITERRANÉE

Alger
Constantine
Sétif
Blida
Biskra
MAROC
ALGÉRIE
TUNISIE
Ouargla
ERG
TRIPOLITAINE
Timassenine
TINGHERT
Tikhammar
TASSILI
Tadent
TANEZROUFT
Inazaoua
Ighezzar
SAHARA
AÏR
Agadès
DAMERGOU
TCHAD
KANEM
Mao
Zinder
MANGA
Tchad
SOUDAN
Kouka
Dikoa
Fort Lamy
Kouchari
BORNOU
CHARI
Gribingui
Oubanghi R.
Bangui
OCEAN
Libreville
MOYEN CONGO
Congo R.
ATLANTIQUE
BAS CONGO
Brazzaville
Matadi

Echelle de 1 : 30.000.000.
100 Km.
0
500
1000

O. De Kouchéri à Dikoa, du 27 avril au 1er mai 1900..	100k
P. Poursuite de Fadel Allah à travers le Bornou, du 1er au 20 mai 1900........................	500k
Q. Retour de Kouchéri à Bangui, du Chari à l'Oubangui, du 23 mai au 30 août 1900.......	1.336k
Total parcouru à pied...........	7.818k
R. De Bangui à Brazzaville, à travers le Moyen Congo, du 1er au 11 septembre *(en steamer)*..	800k
S. De Brazzaville à Matadi, Bas-Congo, *par chemin de fer,* du 12 au 15 septembre...........	280k
T. De Matadi à Bordeaux, 21 septembre au 23 octobre 1900................................	

IV

Le Tournant critique

A Kaoua, le 23 Janvier 1900

(Extrait inédit du carnet de route du capitaine Reibell) :

La journée de Kaoua pourra porter, dans l'histoire de la Mission Saharienne, le nom de journée des dupes.

1° En interrogeant le chef du village, le commandant Lamy apprend que tous les renseignements intéressés qu'on lui a donnés jusqu'à ce jour pour l'entraîner au S.-O. du lac Tchad, sur les défaites de Rabah et sur l'installation de postes français au Bas-Chari, sont faux et archi-faux. Non seulement M. Gentil n'a pas pu arriver avec les troupes dont il dispose jusqu'au lac Tchad, mais il a été repoussé à Kouno, a dû se replier jusqu'à Bangui, et Rabah est maître du Chari. Il est établi en personne à Karnak-Logone, ses troupes occupent le Bas-Chari à Kouchéri et à Goulféi, où se trouve son lieutenant Goddam ; le fils aîné de Rabah, Fadel Allah, commande à Dikoa, capitale de son père. Dans ces conditions, la seule raison pouvant justifier le passage au plus court, à travers les territoires du Bornou, reconnus à l'Angleterre et à l'Allemagne, pour rejoindre sur le Chari M. Gentil disparaît puisque celui-ci est remonté jusqu'à l'Oubangui. Entre lui et nous s'interpose la puissance de Rabah qui, loin d'être détruite, a été raffermie par les succès qu'il a remportés en 1899. D'une part, M. Gentil a reculé jusqu'à Bangui, de l'autre, le lieutenant Joolland se trouve à Mao, dans le Kanem, où il s'est fortifié, après avoir eu la déception de constater que les forces françaises, venues du Sud, n'étaient pas encore arrivées sur le Bas-Chari et que c'étaient des postes de Rabah qui tenaient le fleuve. Dans ces conditions, jugeant sa jonction avec M. Gentil difficile sinon impossible en longeant, avec le peu de forces dont il disposait, la rive droite du Chari en ayant sur son flanc droit toutes les forces de Rabah prêtes à lui tomber dessus, le lieutenant Joolland avait renoncé à pousser une pointe téméraire et il avait pris le parti le plus sage en se repliant sur le Kanem pour nous y attendre ou pour attendre des nouvelles ultérieures de M. Gentil.

La continuation de notre marche vers le Sud-Ouest, sur Dikoa, en faisant cavalier seul et en laissant les forces françaises au centre de l'Afrique, déjà bien peu nombreuses, divisées en trois tronçons séparés par des centaines de kilomètres, constituerait désormais une folie insigne. Nous nous lancerions à l'aveuglette en plein inconnu. Ce parti est si scabreux et surtout si déraisonnable que le commandant Lamy n'a pas une minute d'hésitation. C'est la marche par le nord du lac Tchad à laquelle il faut revenir et au plus vite rebrousser chemin, déclare-t-il avec sa sagacité et sa décision habituelles. Et il va faire part sur le champ de ce revirement imprévu, pour qui n'a pas assisté à l'interrogatoire des indigènes de Kaoua, à M. Foureau, qui déclare qu'il n'y a, en effet, pas d'autre parti à prendre et qui ajoute, en parlant au docteur Fournial, que ce fut toujours son avis de passer par le Nord. Le commandant revient assez embarrassé d'avoir à annoncer au malheureux sultan du Bornou dépossédé, que nous traînons dans nos bagages depuis Zinder, une résolution qui diffère la réalisation de ses espérances. C'est la ruine de son rêve doré. Le commandant fait appeler à sa tente le Sultan, Boubeker et l'interprète Saïd et il leur reproche, à tous trois, leurs mensonges intéressés. Boubeker objecte qu'ils ont été les premiers trompés et qu'il n'a fait que rapporter fidèlement les renseignements que lui donnèrent jusqu'alors les indigènes du pays qui mentaient pour leur complaire. Il craint maintenant pour sa tête, pour celle du Sultan et il supplie le commandant de ne pas les abandonner à la merci de leurs ennemis. Tout ce que le commandant peut faire pour eux c'est de les autoriser à faire avec nous le tour du lac, si cela leur sourit. Il les congédie sur ces bonnes paroles.

2o Mais l'insinuant Saïd, l'interprète, reste et il se laisse aller à un débordement d'éloquence nègre, pathétique, vivement mimée, délicatement flatteuse et humble à point, qui a le don d'impressionner et d'ébranler le commandant. Chacune des phrases de cet interprète loquace débute naturellement par les mots : « Allah itaouel omrek » (Dieu prolonge tes jours), dits avec un accent de sincérité touchante et il représente la déception de tous ceux qui ont mis en nous toutes leurs espérances de revanche et la vengeance terrible que Rabah ne manquera pas de tirer de ceux qui nous ont secondés, qui ont associé leur fortune à la nôtre, comme le malheureux Sultan, sa famille et sa suite, de même que les populations accueillantes qui nous ont fourni des vivres, des chevaux et qui se sont compromises par leurs sympathies pour nous et pour leur sultan déchu. Nous sommes entourés d'un prestige incomparable. On nous redoute à l'égal de Dieu, dit Saïd. Nous irons partout où nous voudrons et nous serons toujours vainqueurs. Et les « Allah itaouel omrek » de pleuvoir ! Il en dit tant et si bien que le commandant revient sur sa résolution première qui était la bonne et se décide à marcher sur Dikoa directement, à marches forcées, pour profiter de la surprise et du secret de cette opération brusquée. Huit espions de Rabah seraient venus aux nouvelles à Kaoua il y a quelques jours et seraient repartis avec l'assurance qu'il n'était pas question de nous dans cette direction.

Le commandant fait part de ces renseignements et soumet sa nouvelle proposition à M. Foureau qui, toujours soucieux de se maintenir strictement dans son rôle de chef d'une mission scientifique et de ne pas empiéter sur les droits du commandant militaire de l'expédition, n'y oppose pas de veto du moment où le commandant lui-même n'y voit pas de danger et se sent maître de la situation. Ce consentement est aussitôt pris pour argent comptant et on ne s'inquiète pas davantage des réserves qu'il comporte. Sur ces entrefaites, on se réunit pour prendre en commun le repas du soir. Il n'est question, bien entendu, que de cette marche foudroyante sur Dikoa. Le commandant déclare qu'une seule chose aurait pu l'empêcher, l'opposition du chef de la Mission, mais que celui-ci au contraire est le plus enragé. Ce sont ces propres termes. Tout un clan exulte. C'est la grande guerre en perspective, des batailles, des victoires ! D'autres songent à la fin du voyage, au retour prochain. L'issue sera hâtée et glorieuse. Tous y trouveront leur avantage. Le commandant n'en mange pas. Il cherche, en parlant, en recueillant des approbations, à se confirmer lui-même dans sa nouvelle résolution qu'il a déjà annoncée, comme pour couper les ponts, à Saïd, à Boubeker, au Sultan. Il a joui de leur satisfaction, de leur enthousiasme, recueilli leurs éloges hyperboliques. Le docteur Fournial, atteint de dysenterie chronique, qui avait déclaré tout de go que, vu son état de santé, ce n'était pas drôle du tout d'aller « ch... » tout autour du Tchad, ne se tient pas de joie. On se sépare pour aller faire des rêves de gloire.

3° Je me retire avec le commandant et le sous-lieutenant de Chambrun. Il peut être huit heures. Dans une conversation intime et cordiale qui ne dure pas moins d'une heure et demie, je fais valoir toutes les raisons qui me font considérer une marche sur Dikoa avec nos faibles forces, encore réduites par la pièce de canon laissée à Zinder, dans l'état actuel de la puissance de Rabah, comme une véritable aberration que rien ne saurait justifier. Notre premier devoir est de grouper les forces françaises avant d'aborder un pareil adversaire. Le commandant a trop de jugement pour ne pas être de mon avis au fond. Il fait valoir cependant que nous nous devons à nous-mêmes de ne pas reculer, que notre prestige aux yeux des Indigènes va être atteint et que sans lui nous sommes bien peu de chose. Je lui représente que les instructions du gouvernement sont formelles. Nous sommes des soldats et non pas des aventuriers. Nous avons reçu la mission nettement définie de passer au Nord du lac Tchad pour aller ensuite rejoindre le commissaire du gouvernement Gentil au Chari. Il n'est survenu rien d'imprévu pouvant nous dégager de cette obligation. Tout au contraire, la situation des partis la renforce. Joolland dans le Kanem, Robillot sur le haut Chari et au Baguirmi, notre mission à l'Ouest du lac Tchad, Rabah occupant une forte position centrale, tel est l'échiquier à mouvoir. Notre jonction avec le tronçon le plus voisin, celui de Joolland à Mao, s'impose avant tout. Le commandant en est bien convaincu ; mais il veut sauver les apparences. Pour la première fois, il réunit un petit conseil de guerre dans son gourbi. En font partie, en plus de lui et de moi, les quatre officiers les plus anciens ; ce sont les lieutenants Rondenay, de Thézillat, Métois et Oudjari. Le premier et le dernier se déclarent pour la marche par le Nord du Tchad. Le second opine pour le sud à condition d'éviter Dikoa. Le commandant ayant fait observer que, si nous passons par le Sud, nous sommes obligés d'aller à Dikoa, le lieutenant de Thézillat accepte cette solution. Le lieutenant Métois déclare que, vu l'état de nos animaux de bât, chameaux et chevaux provenant de Zinder et qui sont déjà épuisés, le chemin le plus court lui paraît le meilleur. Il ajoute que, du moment où nous sommes venus jusqu'ici en marchant franchement au Sud, nous ne pouvons pas faire demi-tour sans compromettre notre prestige et, par suite, le succès de notre entreprise. Ce sont des arguments sérieux. Je fais valoir qu'il y a lieu de passer par le Nord parce que nous ne savons pas, au juste, où se trouve M. Gentil et que nous sommes à peu près certains de la présence du lieutenant Joolland à Mao. C'est donc sur ce dernier point qu'il faut nous diriger. Le commandant déclare se ranger à l'avis de la majorité et c'est sur Mao qu'il décide de marcher, dès le lendemain, le plus rapidement possible.

Ce revirement est annoncé au réveil à M. Foureau qui l'accueille avec sa bonne grâce habituelle. Il est plus pénible d'en faire part à Saïd, à Boubeker, et au malheureux Sultan qui voit, une fois de plus, s'écrouler le château de cartes de ses espérances. Pour les consoler et pour dissimuler, autant que possible, ce qu'un demi-tour pouvait avoir de fâcheux aux yeux des indigènes, le commandant nous fait passer par Kouka, dont nous visiterons l'emplacement. Nous marchons pendant 15 kilomètres dans la direction de l'Ouest, légèrement Nord et nous traversons un pays fort laid jusqu'aux abords mêmes de Kouka. Le brouillard est intense, le soleil voilé, le ciel gris, nuageux et terne. L'aspect du pays est misérable, des gommiers, des abisgas, l'herbe jaune des pâturages du Tagana. L'aspect de Kouka en ruines, est lamentable. Les maisons étaient construites en toubs de couleur grisâtre. Elles se sont effondrées plutôt par suite de l'abandon et de la vétusté que par l'incendie. Des pousses vertes sortent de ce monceau de décombres. Le bechna croît partout sur l'emplacement des maisons, au milieu des rues, sur les places. D'innombrables débris de poteries parsèment le sol. La ville comprenait deux parties distinctes séparées par un vaste marché. L'une servait d'habitation au

Sultan, à sa famille et à une innombrable domesticité ; l'autre était la ville même. Auprès du marché à bestiaux on remarque un monceau d'ossements d'animaux, mais nulle part de squelettes humains. Rabah a trouvé la ville de Kouka abandonnée par les habitants à son approche, il les a poursuivis, atteints et exterminés, au nombre de plus de 20.000, à Gachgeur. Depuis, il a envoyé à Kouka quelques déportés baguirmiens et des esclaves qui cultivent pour lui le bechna. Un détail à noter et qui peut donner à réfléchir. La veille, à Kaoua, le nommé Ameur Sinda, le sultan *in partibus* du Bornou, qui nous accompagne et qu'on accueille partout avec des cris d'allégresse, avait reçu de ses anciens clients, habitant encore à Kouka, un panier de citrons qu'il avait jugé prudent de faire enterrer sans y goûter, de peur qu'ils ne fussent empoisonnés. Et voilà la confiance de ceux qui voulaient nous entraîner dans les voies les plus risquées ! De même que l'abandon de Kouka devant les hordes de Rabah prouve leur manque absolu de courage.

Conclusion : Nous ne devons compter que sur nous-mêmes, nullement sur nos auxiliaires, et aller, au plus vite, rejoindre les camarades des autres missions.

V

ANNÉE 1900

—

N° 103

—

1er Régiment de Tirailleurs Algériens

ORDRE DU RÉGIMENT

Mort du commandant Lamy. — Le commandant Lamy est tombé en héros à la fin de la lutte engagée pour relever le prestige de nos armes dans la région du lac Tchad et pour infliger à notre cruel ennemi Rabah, qui trouva lui-même la mort, la plus sanglante défaite.

Le commandant Lamy nous avait quittés il y a près de deux ans, emmenant avec lui une superbe compagnie prélevée sur tout le régiment. A force d'énergie et de savoir faire, il avait réussi à traverser le Sahara malgré les difficultés inouïes accumulées sur sa route et c'est au moment où il avait atteint le but que ce vaillant soldat est ravi à notre grande affection.

Pour rendre au commandant Lamy l'hommage qui lui est dû, le colonel ne peut mieux faire que de reproduire la lettre publique écrite par M. Charles Dorian, député de la Loire, qui a appartenu à la mission Foureau-Lamy et qui l'a quittée à Zinder après la traversée du Sahara pour rentrer en France :

« J'apprends avec une profonde douleur la mort du com-
« mandant Lamy. Mon émotion est trop grande pour que je
« puisse exprimer comme je le voudrais tout ce que je pense
« de mon ami. Mais je considère comme un devoir sacré de
« rendre hommage à l'homme dont j'ai connu l'héroïsme.

« Pendant 15 mois passés avec la Mission Saharienne, j'ai
« admiré tous les jours, je puis dire toutes les heures,
« l'intelligence, l'énergie, le courage du commandant Lamy.
« J'avais pour lui une affection mêlée de vénération.

« Il avait dûrement acquis une connaissance parfaite des
« pays coloniaux et nous admirions comme il mettait au ser-
« vice de la science une bravoure inexprimable. Sans songer
« à amoindrir en quoi que ce soit, les qualités excellentes de
« mon ami Foureau, que ses fonctions de chef de mission
« attachaient plus spécialement aux observations scientifi-
« ques, je dois dire aujourd'hui la reconnaissance particu-
« lière que nous devons au commandant Lamy.

« C'est grâce à ses facultés d'organisation, à son sang-
« froid dans les moments de détresse, à sa noble obstination
« que la mission a atteint son but. Il avait formé une troupe
« d'élite qui l'aimait et le respectait. Sa vigueur était si

« communicative qu'il fit supporter à cette troupe plus de
« fatigues et de privations que jamais soldats d'Afrique n'en
« supportèrent.

« Lamy la conduisit à la victoire et ne nous reviendra
« plus.

« Il a trouvé là-bas, au cœur du continent noir, la plus
« glorieuse de toutes les morts. Inclinons-nous respectueu-
« sement devant ce grand soldat disparu ».

Le 1er tirailleurs est fier du commandant Lamy, il joint son tribut d'admiration et de regrets à celui de la France entière et il fait des vœux pour le retour prochain du capitaine Reibell, qui a recueilli la succession du commandant Lamy et de ses braves compagnons d'armes qui, eux, exciteront l'admiration de tous lorsqu'on connaîtra les épreuves qu'ils ont supportées.

Blida, le 6 août 1900.

Le Colonel,

Signé : MENESTREL.

VI

LES DERNIERS MOMENTS DU COMMANDANT LAMY

22 Avril 1900.

(Extrait inédit du carnet de route du capitaine Reibell) :

... A l'issue du combat, le lieutenant Britsch vint m'annoncer la mort du capitaine de Cointet, et il m'apprit que le commandant Lamy était lui-même blessé ainsi que le lieutenant de Chambrun. Je me mis aussitôt à leur recherche. Je vis, assis à l'ombre d'un arbre, à l'intérieur du camp de Rabah, M. Gentil qui se précipita vers moi et me donna l'accolade. Derrière lui, s'avançait le capitaine Robillot, la main tendue. « Mon cher camarade, me dit-il, le commandant est grièvement blessé, c'est à vous que revient le commandement comme au plus ancien; vous pouvez être assuré de mon concours le plus dévoué ». Je remerciai.

Une différence de quelques jours m'appelait effectivement à prendre les dispositions que comportait la situation. Mais je n'avais qu'une pensée, me rendre auprès de mon chef et m'enquérir de son état. On m'indiqua une tente conique assez basse qu'on me dit être celle de Rabah. Je m'en approchai vivement, en circulant au milieu des cadavres d'hommes, de chevaux et de chameaux qui encombraient l'intérieur du camp. Le maréchal des logis Belkacem ben Lallali, quelques spahis algériens, s'empressaient auprès des blessés. Le commandant était couché sur un lit bas, son visage était d'une pâleur mortelle, ses yeux, dont l'éclat métallique, d'un bleu d'acier, était si vif et si particulier, semblaient comme voilés et éteints. On avait enlevé sa tunique ; la chemise était tachée de sang, le bras gauche, brisé, était enveloppé de bandelettes, la balle avait pénétré ensuite dans la poitrine d'où elle n'avait pu être extraite. Je fus épouvanté de l'altération des traits du blessé. Il avait conservé sa connaissance et comme je prenais avec précaution sa main droite entre les miennes pour la porter à mes lèvres, il me demanda si nos pertes étaient nombreuses. Je lui dis que le capitaine de Cointet et le sergent Rocher avaient été tués. Il me recommanda de faire faire l'appel avant tout et de lui rendre compte au plus tôt des morts et des blessés. J'ajoutai que Rabah avait été tué. « Est-ce bien vrai ? » me répondit-il et sans paraître croire à cette nouvelle. Il se plaignait de violentes douleurs et souffrait de la chaleur et de la soif. On lui donnait à boire et un spahi éventait son visage. Les bords de la tente relevés laissaient passer, au ras du sol, une brise rafraîchissante. Je sortis pour aller faire le recensement prescrit. J'envoyai un mot au lieutenant de Thézillat demeuré à Kouchéri pour lui annoncer notre victoire et pour le prier de nous envoyer aussitôt que possible le chaland et les embarcations nécessaires à l'évacuation par la voie du Chari des morts et des blessés. En attendant, nos dévoués docteurs procédaient avec le plus grand zèle aux premiers pansements. La température était torride. Des incendies continuels allumés au milieu même du camp que nous occupions, par les les pillards baguirmiens, nos auxiliaires plutôt gênants, augmentaient l'insupportable chaleur et menaçaient de gagner l'emplacement même où se trouvait le commandant. Je fis de vains efforts pour faire cesser ces scènes de désordre auxquelles présidait le sultan Gaourang, du Baguirmi, confortablement assis sur un siège curule à l'ombre du même arbre que M. Gentil. Je faisais de fréquentes visites à la tente où se trouvait le commandant que je trouvais de plus en plus abattu. Je l'entends encore dire, lui qui n'avait pas l'habitude de se plaindre, en s'adressant au docteur Haller, empressé auprès de lui : « Docteur, je souffre horriblement ! » Rien ne saurait rendre l'accent si profond et si triste dont ces mots furent dits. Le docteur, en sortant de la tente, me prit la main entre les siennes et me la serra fortement sans pouvoir prononcer un mot et en pleurant. Auprès du commandant, couché côte à côte avec lui, se trouvait le lieutenant de Chambrun que le commandant avait coutume d'appeler plaisamment sa « demoiselle de compagnie » et qui était son officier adjoint. Il avait été atteint, au même instant d'une blessure presque semblable, au bras droit, mais la balle n'avait pas pénétré dans l'intérieur du corps. La physionomie de ce blessé dont le visage n'était nullement altéré et qui respirait, comme d'ordinaire, la joie et la santé, faisait un contraste frappant avec l'aspect lamentable du pauvre commandant, dont l'agonie lente et douloureuse déchirait le cœur. En reportant les yeux de l'un de ces blessés sur l'autre, il ne restait, hélas ! aucun espoir. Cependant nous nous refusions encore à admettre que cette nature si vigoureuse, que ce tempérament de fer pût être ainsi abattu d'un seul coup. Nous comptions sur les réserves d'énergie de celui qui nous avait toujours paru au-dessus des faiblesses humaines et des défaillances physiques. Nous aurions tous donné notre vie si volontiers pour sauver la sienne ! Mais la mort avait frappé en aveugle et maintenant elle demeurait sourde à nos prières. Celui qui aurait si bien mérité, au retour, les honneurs du triomphe, recevait, prématurément, les palmes du martyre ! La dernière fois que je le vis vivant, il s'était assoupi et ses traits détendus semblaient indiquer un soulagement, un mieux, peut-être ! Indice trompeur ! Premier symptôme de cette beauté suprême que devait revêtir, dans le suprême repos, le visage de cet homme infatigable et qui ne s'était jamais arrêté ! Entre temps, je m'étais approché de la civière sur laquelle reposait, tout auprès, le corps du capitaine de Cointet. Je découvris son visage, il était d'une pâleur livide que faisait ressortir la rouge blessure qui s'ouvrait béante dans sa gorge, dont une balle avait tranché la carotide. La mort violente apparaissait là dans toute son horreur.

Les pirogues venant de Kouchéri se firent attendre jusqu'à 4 heures du soir. L'évacuation n'était terminée qu'à 5 heures. Nous quittâmes, à notre tour, ce champ de carnage pour rentrer par la voie de terre, en vainqueurs, mais la tristesse la plus poignante au cœur, dans cette place que nous avions quittée le matin même, si joyeux à la pensée d'en finir, si confiants dans le chef qui nous guidait ! Les étendards, pris à l'ennemi, flottaient en tête de la colonne. Les clairons sonnaient la marche du 1er tirailleurs. La satisfaction d'un retour triomphal était due à ceux qui s'étaient si bien battus et qui revenaient sains et saufs. Le funèbre cortège des morts et des blessés n'arriva, par les pirogues, qu'à la nuit noire. Nous nous étions portés, pleins d'angoisse, au devant de lui. Le premier mot qui nous accueillit : « Il n'est plus ! » nous frappa en plein cœur. Il fallut le sentiment des lourdes responsabilités qui pesaient désormais sur nous pour nous permettre d'aviser, au milieu de cette profonde désolation, au plus pressé. Les morts n'attendent pas sous ces climats ! Le corps de notre cher commandant fut déposé dans la grande salle de la maison qu'il occupait à Kouchéri, où il avait l'habitude de recevoir et de donner ses audiences. Je m'empressai d'aller prévenir M. Gentil du fatal événement. Je le trouvai à table avec ses commensaux habituels. Il fut vivement ému de la nouvelle et vint rendre aussitôt visite à la dépouille mortelle du chef de la Mission Saharienne. A la lueur des bougies, son visage nous apparut pour la dernière fois. Je ne saurais dépeindre l'incomparable beauté dont il était revêtu dans la mort. On eût dit un beau marbre tant les traits étaient calmes, reposés, tant les lignes sculpturales du visage exprimaient de majesté et de noblesse, comme si l'âme de ce héros s'y fut empreinte toute entière avant de quitter son enveloppe mortelle. Le corps fut veillé, à tour de rôle, pendant toute la nuit et jusqu'à la cérémonie funèbre du lendemain par les officiers de la Mission Saharienne qui tenaient à honneur de rendre à leur chef ce dernier et pieux devoir.

Les obsèques eurent lieu le 23 avril à 8 heures du matin. Elles furent solennelles autant que le permettaient les circonstances et grandioses dans leur simplicité même. Le cortège se composait des dix-sept civières sur lesquelles étaient transportés les hommes de troupe tués au feu, quelle que fut leur origine ; à la fin, venaient celles du sergent Rocher, du 1er tirailleurs, du capitaine de Cointet et du commandant Lamy, qui fermait la marche. Les corps enveloppés de bandelettes à la manière indigène, étaient recouverts de grands drapeaux tricolores leur servant de linceul.

Sur la civière du commandant étaient déposés son dolman, son képi, son sabre et sa croix d'officier de la Légion d'honneur. Toutes les troupes présentes à Kouchéri avaient pris les armes. Le deuil était conduit par le commissaire du gouvernement Gentil et par le capitaine Reibell. La pompe funèbre se déroula lentement à travers les rues étroites et tortueuses de Kouchéri, escortée par une foule d'indigènes qui manifestaient une douleur sincère de la perte de leur libérateur. On atteignit le champ de repos, à l'extrémité nord de la ville, où étaient déjà déposés un très grand nombre de nos soldats. Il nous avait paru conforme aux habitudes de notre chef qu'il se trouvât ainsi au milieu de ses compagnons d'armes préférés sans que rien d'autre distinguât sa tombe modeste de la leur, si ce n'est la simple croix de bois blanc qui devait la surmonter. Des paroles sans apprêt, vraies et émues, furent prononcées. Elles exprimaient les regrets de tous et faisaient ressortir ce qu'il y avait de particulièrement cruel dans ces pertes que rien ne pouvait balancer. C'est malheureusement le cas habituel dans les expéditions coloniales qui mettent en présence des éléments de valeur tellement différente, au point de vue moral, qu'il n'y a jamais compensation. Que représentait par rapport à la perte d'un grand soldat et d'un homme éminent à tous égards, tel que le commandant Lamy, la disparition d'un nègre aussi vulgaire que Rabah ? Sa tête avait été rapportée dans la journée du 22 avril, elle avait roulé au pied du lit où agonisait Lamy, elle avait été mise au bout d'une pique pour le retour à Kouchéri. Elle n'exprimait que la bestialité la plus ignoble, celle du bourreau de Crampel, de Bretonnet et de Béhagle, et c'était pour arriver à la suppression d'êtres aussi dégradés, que nous avions sacrifié des vies d'hommes civilisés faisant honneur à leur patrie et à l'humanité toute entière ? La puissance matérielle d'en Rabah avait pu être considérable pour le pays où elle était éclose, la valeur morale de cette brute sanguinaire et sauvage qui avait dévasté tout le Bornou et fait des milliers de victimes était au-dessous de tout, moins que rien, tandis que les services que la patrie et la civilisation pouvaient attendre d'un chef tel que le commandant Lamy étaient sans limites. Ces réflexions augmentaient encore les regrets cuisants que nous causait cette perte irréparable en y associant le deuil même de la France.

VII

MISSION SAHARIENNE

Ordre Nº 11

25 avril 1900.

Au Chari. — Le capitaine Reibell, commandant la colonne d'opérations contre Rabah, a l'honneur de porter à la connaissance des troupes sous ses ordres la lettre suivante qui lui a été adressée par M. le Commissaire du Gouvernement Emile Gentil :

Le Commissaire du Gouvernement au Chari à Monsieur le Capitaine Reibell, commandant les troupes contre Rabah.

« Mon cher Capitaine,

« Une mort glorieuse est venue frapper en plein triomphe « le chef habile et aimé qu'était M. le commandant Lamy. La « victoire a été la conséquence de sa tactique habile. Rabah, « le dévastateur de toute une région fertile, a été vaincu, ses « bandes disséminées, ses bannières enlevées et lui-même a « perdu la vie.

« Ce brillant résultat appartient tout entier au commandant « Lamy qui a, en mettant fin à la carrière du bandit, réalisé « le progamme du Gouvernement. Gloire à lui qui meurt en « ayant au moins la suprême satisfaction du devoir accompli « et du succès final.

« Vous remplacez maintenant le héros que tous nous pleu-« rons. C'est donc vous que je viens prier de transmettre « aux officiers et aux troupes placées sous vos ordres, l'ex-« pression de mon admiration et les remerciements du Gou-« vernement.

« Si le chef a été admirable, les troupes ont été au-dessus de « tout éloge, habilement dirigées par des officiers qui, les uns « dans la traversée effrayante du Sahara, les autres dans « cette longue route de Say au Tchad, si fertile en tragédies, « les derniers enfin sur cette voie du Chari, en apparence la « meilleure, mais qui les obligeait à lutter contre des forces « cinquante fois supérieures, qui tous, dis-je, avaient montré « qu'ils étaient les dignes fils de France. Tirailleurs algériens,

« soudanais, Spahis, Tirailleurs auxiliaires du Chari, Artil-
« leurs, ont rivalisé de bravoure et de vaillance.

« Remerciez-les tous, mon cher Capitaine, et assurez-les
« que toutes les propositions déjà faites ou à faire que j'ai à
« transmettre seront appuyées comme elles méritent de l'être
« par le Ministre des Colonies.

« Leur tâche n'est pas encore terminée et leurs épreuves
« n'ont pas encore pris fin, mais elles cesseront certainement
« très vite. Avec un chef comme vous et des collaborateurs
« comme eux, on est en droit de tout attendre.

« Encore une fois merci à vous tous qui souffrez pour la
« grandeur de notre chère France et recevez, en même temps
« que le tribut de mon admiration, l'expression de mes senti-
« ments affectueusement dévoués.

« Signé : GENTIL. »

VIII

ANNÉE 1900
—
N° 104
—

1er Régiment de Tirailleurs Algériens

ORDRE DU RÉGIMENT

Retour de la Mission Foureau-Lamy. — Le colonel porte à la connaissance du 1er Tirailleurs la lettre suivante qu'il a reçue de M. Foureau, chef de la Mission Saharienne :

« Dès mon arrivée sur la terre de France, je considère « comme un devoir, et ce m'est en même temps un plaisir « extrême, de venir vous dire combien je suis reconnaissant « au détachement du 1er Régiment de Tirailleurs algériens, « qui formait l'escorte de ma Mission, et combien j'admire « les incomparables qualités dont il a fait preuve pendant « toute la durée de notre voyage, qualités qui ont assuré la « réussite de la grande œuvre que j'avais entreprise avec le « commandant Lamy.

« Officiers, sous-officiers et soldats du 1er Tirailleurs ont « tous fait plus que leur devoir.

« Ils ont tous enduré : fatigues, longues marches, manque « de nourriture et d'eau, gardes très dures, construction de « retranchements, etc., et cela pieds nus, sans vêtements, « sans tentes, sans abris, avec une admirable patience et un « dévouement sans bornes.

« J'affirme ici hautement ma reconnaissance pour l'aide « indispensable que tous ont apportée à mon œuvre dont ils « ont assuré la réussite.

« La traversée du Sahara et du Soudan jusqu'au Tchad par « le détachement *Mission Saharienne* sera certainement la « plus glorieuse et la plus splendide page du Livre d'Or du « 1er Régiment de Tirailleurs algériens.

« Pourquoi, hélas ! faut-il que nous ayons ici à pleurer « l'absence du commandant Lamy, mort à la dernière heure, « dans une auréole de gloire, et qui venait recueillir avec « moi une ample moisson de félicitations et de lauriers ? »

Cette lettre confirme à nouveau que nos camarades de la Mission Foureau-Lamy ont été soumis aux plus rudes épreuves pendant la traversée du Sahara et qu'ils en ont triomphé à force d'énergie et d'abnégation d'eux-mêmes.

Malheureusement, le commandant Lamy n'est pas la seule victime du combat du Chari contre Rabah dans les cadres français, et un télégramme du Ministre de la Guerre fait connaître que les sergents Rocher et Couillé, du 1er Tirailleurs, ont été tués dans la même affaire.

Le colonel déplore avec le régiment la perte de ces braves sous-officiers qui ont trouvé une mort glorieuse aux côtés de leur valeureux chef.

Blida, le 12 septembre 1900.

Le Colonel,
Signé : MENESTREL.

IX

MISSION SAHARIENNE

Effectif de l'escorte militaire

Membres civils : 4; officiers : 11; troupe : 1er Tirailleurs algériens, 212 ; 1re Cie Tirailleurs sahariens, 51 ; 3e Spahis algériens, 13 ; Artillerie, 1 ; Spahis sahariens, 29.

Totaux : Membres civils, 4 ; officiers, 11 ; troupe, 306.

Blessés de guerre

Européens et officiers, 7 ; indigènes, 39. — Total, 46.

Tués au feu

Européens et officiers, 6 ; indigènes, 13. — Total : 19, dont 2 blessés morts par la suite.

Morts de maladies

Européens et officiers : 14, y compris 2 membres civils ; indigènes, 32. — Total, 46.

Européens, 48 : 4 civils, 11 officiers, 33 Français. — Déchet : 20, soit 41,6 0/0.

Sur les 17 Français survivants, il y en a 10 chevaliers de la Légion d'Honneur.

Indigènes, 273. — Déchet : 45, soit 20 0/0.

Effectif total, 321. — Blessés de guerre : 46, soit 15 0/0.

Tués au feu

1° Combat de Guettra, contre un parti de Touaregs, le 14 juin 1899 : No Mle 30, BILLOTET, caporal à la 6e Cie Tirailleurs sahariens.

2° Prise de Kouchéri, le 3 mars 1900 :

No Mle 62, EDJE KOUANE, 1re cl. 1er Tirailleurs algériens ;
— 203, DAIB, — — —

3° Combat du Logone, contre le fils de Rabah, le 6 mars 1900 :

No Mle 159, KHALED BEN MOHAMED, spahi saharien.

4° Combat contre Fadeh Allah, fils de Rabah, le 6 mars 1900 :

N° Mle 105, LAZAB, 1re classe, 1er Tirailleurs algériens;
— 162, BOULTOUACH, 1re cl., — —
— 263, MOHAMED BEN AISSA, 2e classe, Tirailleur saharien.
— 117, SASSI, spahi algérien.

5° Attaque d'un petit poste, près de Kouchéri, le 13 avril 1900 : N° Mle 146, TAHENNI, 2e cl., Tirailleurs algériens.
— 67, SADOU, 1re classe, — —

6° Combat du Chari, contre Rabah, le 22 avril 1900 :

Chef de l'escorte, commandant LAMY ;
N° Mle 7, ROCHER, sergent, 1er Tirailleurs algériens;
— 164, DJELLOUCK, 2e classe, — —
— 278, KHADRY, spahi algérien.

7° Poursuite des fils de Rabah, le 8 mai 1900 :

N° Mle 4, COUILLE, sergent, 1er Tirailleurs algériens.

8° Occupation du lac Tchad, 1900-1901 :

N° Mle 52, LURINE, maréchal-ferrant, spahi algérien ;
— 24, DELAYES, caporal, 1er Tirailleurs algériens.

X

FERNAND FOUREAU

Né le 17 octobre 1850 à Saint-Barbant (Haute-Vienne), il fit ses études à Paris. Engagé volontaire en 1870-1871, il entra dans les équipages de la flotte, fit toute la campagne de l'armée du Nord et fut fait prisonnier de guerre après la bataille de Saint-Quentin, le 19 janvier 1871.

Dès cette époque, il forma le projet d'explorer le Sahara et, si possible, de le traverser. Il s'y reprit à onze fois avant d'entreprendre la dangereuse et glorieuse expédition qui couronna ses longs et patients efforts et mit un terme à sa carrière africaine.

Celle-ci avait été particulièrement laborieuse et mouvementée.

Dès 1876-1877 Foureau accomplit un premier voyage d'exploration dans le Sahara algérien en compagnie de M. Louis Say, enseigne de vaisseau, qui devait être plus tard le fondateur du petit port à l'embouchure du Kiss, sur la frontière du Maroc oriental.

En 1878, il parcourut l'Extrême-Sud algérien de la frontière marocaine à la frontière tunisienne; il fit mieux, il voulut fertiliser, coloniser et peupler cette région sauvage. Il créa avec Albert Foureau, son cousin, et Fernand Fau la Compagnie de l'Oued-Rirh, la première du genre. Cette Société avait pour but de forer des puits artésiens le long de la rivière souterraine, l'oued Rirh, et d'utiliser les eaux ainsi mises au jour pour la culture du dattier.

Puis, Foureau explora : en 1883, l'Erg; en 1886, le Sahara algérien du Sud-Est; en 1890, le Tadmayt et l'Erg; en 1892, le Grand-Erg et les régions de Tabankort, Timassanine et d'Hassi-Messeyguem; en 1892-1893, le Tinghert; en 1893-1894, la route du Tidikelt; en 1894-1895, le Tassili; en 1895-1896, le Grand-Erg, tunisien et algérien; enfin, en 1897, il poussa jusqu'aux environs de Ghat.

Dans tous ses voyages, il collectionnait les documents botaniques, géologiques, préhistoriques, ethnologiques et photographiques. En même temps, il liait connaissance avec les principaux chefs touaregs; il étudiait les mœurs et le caractère de ces populations défiantes, traîtresses et féroces. Pour chacun de ces itinéraires, il déterminait un grand nombre de positions astronomiques. C'est après ce long apprentissage qu'il entreprit la traversée du Sahara de part en part, qui n'avait plus été tentée depuis le massacre de la Mission Flatters, en 1881.

A la date du 5 mars 1898, le ministre de l'Instruction publique, qui était M. Rambaud, prenait un arrêté, sur l'avis de la Commission des Voyages et Missions scientifiques et littéraires, d'après lequel M. Fernand Foureau, correspondant du Ministère de l'Instruction publique, et M. le commandant Lamy étaient chargés d'une mission à l'effet de poursuivre l'exploration scientifique du Sahara entre l'Algérie et le Soudan.

Une instruction communiquée par le Ministère de la Guerre le 9 septembre 1898, déterminait avec précision dans quelles conditions seraient exercés la direction de la Mission Saharienne et le commandement de l'escorte militaire.

L'histoire détaillée de cette périlleuse expédition, où le commandant Lamy trouva une mort glorieuse en combattant l'armée de Rabah, le 22 avril 1900, a été relatée par M. Foureau dans un volume très intéressant et très complet, intitulé *D'Alger au Congo par le Tchad.*

La publication des documents scientifiques de la Mission demanda plusieurs années : elle constitue un monument durable et grandiose de l'œuvre accomplie.

Cinq ans après le retour de la Mission Saharienne, M. Foureau fut nommé, grâce à l'intervention du chef de l'Etat, en 1905, Gouverneur des colonies de 1re classe. Il exerça ses fonctions aux Comores puis à la Martinique jusqu'au jour où le Parlement lui vota par une loi du 31 décembre 1913 à titre de récompense nationale une pension de retraite dont il allait jouir au moment où la mort l'a brusquement enlevé le 17 janvier 1914.

Très maigre, mais très souple et très vigoureux, le visage glabre éclairé par deux yeux d'une extrême énergie, Foureau jouissait d'une excellente santé et ce quinquagénaire n'eut pas une minute d'indisposition au cours des deux années de fatigues et de privations de la Mission.

Une pneumonie cependant le terrassa en deux jours. A un courage indomptable il joignait une grande bonté et une touchante modestie. C'était une figure orignale et un noble caractère.

Ses obsèques eurent lieu le 22 janvier. Elles furent solennelles et touchantes. Le deuil était conduit par M. Albert Lebrun et par les meilleurs amis du défunt, parmi lesquels le général Peigné, grand officier de la légion d'honneur.

Au cimetière du Père-Lachaise, le colonel Reibell parla sur sa tombe, en ces termes :

Monsieur le Ministre,
Messieurs,

« J'ai tenu à venir apporter, au nom des membres militaires de la Mission Saharienne, un suprême hommage à celui qui fut notre chef et notre ami.

« Durant les deux années d'épreuves que nous passâmes ensemble, nous avons été quotidiennement les témoins de son endurance, de sa patience, de sa bonté et de son labeur opiniâtre.

« Je ne crois pas qu'on ait surpris chez lui un instant de lassitude ou un mouvement de mauvaise humeur pendant tout notre long voyage et, aux moments les plus critiques, son entrain, sa jovialité et son imperturbable confiance dans le succès furent vraiment communicatifs.

« Il avait une grande force d'âme qui, jointe à l'élévation de ses sentiments, à son désintéressement absolu, à sa bienveillance à l'égard des indigènes, faisait de lui un type accompli de pionnier de la science et de la civilisation, un véritable émule de Brazza.

« Quant à sa puissance de travail, elle était extraordinaire. Il supportait comme nous les fatigues des étapes qui duraient tout le jour et, dès l'arrivée au camp nouveau, il interrogeait les indigènes, rédigeait ses notes, complétait le relevé de ses itinéraires, en attendant que la nuit sereine vint lui donner dans les cieux de lumineux points de repère. Tandis que le repos étendait à terre tous les membres de son escorte, sauf un seul, lui veillait toujours ! Et la détermination des positions astronomiques jalonnait avec certitude le sillage de notre navire à travers l'immensité du désert.

« Enfin, son sang-froid devant le danger, sa crânerie au feu, où il se plaçait dans le rang avec son fusil, redevenant simple soldat sous les ordres du commandant Lamy, comme il avait été jeune matelot combattant à Bapaume sous les ordres de Faidherbe, tels étaient les traits essentiels qui caractérisent à nos yeux, avec le recul du temps, la physionomie si attachante et si originale de ce nouveau « conquistador » qui était, avant tout, un homme d'étude, de probité et de courage et qui le dresseront, devant l'histoire, dans l'attitude du héros moderne, unissant la pensée à l'action, la mansuétude à la ténacité.

« En effet, le plus beau titre de gloire de Foureau et de Lamy sera d'avoir — en déchirant le voile qui dérobait à la civilisation le Sahara mystérieux et en vengeant Flatters — réalisé une œuvre, qui exigeait un paroxysme d'énergie dans des conditions de tenue, de moralité et de pondération, qui font honneur à la France et à l'humanité.

« C'est avec un sentiment de profonde condoléance et de sincère admiration que je m'incline, au nom des compagnons d'armes de ce grand explorateur africain, devant sa dépouille mortelle, et que je m'associe au deuil de sa famille tendrement aimée avec laquelle il voulait bien nous confondre ».

Le Conseil municipal de Paris a été saisi d'une demande en vue de donner le nom de Fernand Foureau à une des artères de la capitale et d'élever un monument à l'explorateur africain et à la Mission Saharienne au square des Batignolles, à Paris.

XI

MISSION SAHARIENNE

I

Disparus (Officiers et Européens)

1. RECEVEUR, caporal, mort d'épuisement à Tabaloulet, le 29 novembre 1898.
2. BILLOTET, caporal, tué par les Touaregs, au combat de la vallée d'Eguelal, le 14 juin 1899.
3. JACQUIN, 2e classe, disparu dans une marche de nuit, le 18 octobre 1899 (Puits de Tiguedi).
4. ROCHER, sergent, tué au combat du Chari, le 22 avril 1900.
5. LAMY, chef de bataillon, officier de la Légion d'Honneur, tué au combat du Chari, le 22 avril 1900, à l'âge de 42 ans.
6. COUILLÉ, sergent, tué accidentellement en détruisant les fusils de l'armée de Rabah, le 8 mai 1900.
7. BECBEC, caporal, mort à Gribuigui, le 1er août 1900.
8. PANNET, caporal, mort à Brazzaville, chez les Pères du Saint-Esprit, le 18 septembre 1900.
9. JACQUES, adjudant, de Massidan (Dordogne), mort à Bangui, le 27 août 1900.
10. PARAT, sergent, mort à bord de la *Ville-de-Pernambuco*, le 24 septembre 1900.
11. LURINE, maréchal-ferrant, tué au Tchad, le 10 janvier 1901, au combat de Djigueta (Chari), d'un coup de sabre dans une charge de cavalerie.
12. DELAYÈS, caporal, tué au Tchad, en 1901.
13. DUCROS, sergent-major, mort le 20 juillet 1901 des suites d'une blessure reçue des Touaregs au combat de la Vallée d'Eguelal, le 14 juin 1899 (décédé à l'hôpital militaire de Saint-Etienne).
14. M. DORIAN, député de la Loire, chevalier de la Légion d'honneur, mort à Paris, le 2 juin 1902.

15. SAUX, trompette, mort dans ses foyers, à Libourne, le 4 juin 1902, d'épuisement.

16. CROSSON DU CORMIER, sergent, mort étant élève de Saint-Maixent, en 1902, de la dysenterie contractée à la Mission.

17. BELIN, sergent, mort d'épuisement le 19 mai 1907, dans sa famille, à Mirebeau-sur-Bèze (Côte-d'Or).

18. OUDJARI, capitaine, officier de la Légion d'Honneur, mort à Rabat (Maroc), le 16 octobre 1911.

19. M. Fernand FOUREAU, gouverneur des Colonies, commandeur de la Légion d'Honneur, mort à Paris, le 17 janvier 1914, à l'âge de 63 ans.

20. Sous-lieutenant BELKACEM BEN LALLALI, du 3e Spahis algériens, mort d'épuisement à Batna, le 6 octobre 1907, médaillé militaire, chevalier de la Légion d'Honneur.

II

Survivants (Officiers et Membres civils)

a) OFFICIERS

1. Colonel REIBELL, breveté, officier de la Légion d'Honneur, commandant la 31e brigade d'infanterie, Bourges.

2. Commandant RONDENAY, 104e régiment d'infanterie, 33, rue de Lorraine, Saint-Germain-en-Laye, au tableau pour officier de la Légion d'Honneur.

3. Commandant METOIS, 4e Tirailleurs algériens, à Kairouan (Tunisie).

4. Commandant VERLET-HANUS, breveté, officier de la Légion d'Honneur, 13e Bat^on de Chasseurs, Chambéry.

4. Commandant BRITSCH, breveté, 5e Tirailleurs, Khémisset, région de Rabat, et 3, rue César-Franck, Paris.

6. Commandant DE CHAMBRUN, breveté, 40e régiment d'artillerie, Saint-Mihiel, blessé au combat de Koucheri, le 22 avril 1900.

7. Docteur FOURNIAL, médecin principal de 2e classe, hôpital Auvert, à Fez, et Le Muy (Var), au tableau pour officier de la Légion d'Honneur.

8. Docteur HALLER, médecin-major de 2e classe, retraité pour blessure de guerre reçue le 2 mai 1900, au combat de Déguemba, 5, rue Saint-Dominique, à Vichy (Allier).

9. Capitaine DE THEZILLAT, officier de la Légion d'Honneur, retraité, blessé au combat du Logone le 9 avril 1900.

b) MEMBRES CIVILS

1. M. NOEL VILLATTE, astronome à l'Observatoire de La Bouzaréah (Alger), officier de la Légion d'Honneur.
2. M. LEROY, chevalier de la Légion d'Honneur.

c) MILITAIRES INDIGÈNES DEVENUS OFFICIERS

1. Lieutenant AOUACH, 1er Tirailleurs, Blida, chevalier de la Légion d'Honneur.
2. Lieutenant MEDJADJI, 5e Tirailleurs, Maison Carrée, chevalier de la Légion d'Honneur.
3. Lieutenant MADDI, 9e Tirailleurs, Maroc Oriental, au tableau pour chevalier de la Légion d'Honneur.
4. Sous-lieutenant AZZAZ, 9e Tirailleurs, Miliana.
5. Sous-lieunant BOUTRIHA, du 1er Tirailleurs. Réformé.

d) FAMILLES DES MEMBRES DÉCÉDÉS

Mme MAGNAN-LAMY, sœur du commandant, 35, boulevard Lonchamp, à Marseille.

Mme Vve OUDJARI et son fils LOUIS OUDJARI, boulevard Bonnier, à Blida.

Mme Vve FOUREAU, 24, place des Batignolles, Paris. Deux filles, dont l'aînée a épousé le docteur NOC, médecin-major de 1re classe des Troupes coloniales, chevalier de la Légion d'Honneur.

III

Survivants troupe (Européens)

GRADES à la Mission	NOMS	SITUATION ACTUELLE
Sergent-major.	FOURNIER Albert.	Adjudant retraité, lieutenant de réserve, médaillé militaire, **chevalier de la Légion d'Honneur**. Négociant en grains, 11, rue de l'Oriflamme, à Avignon ; marié, un fils.
Sergent.	VILLEPONTOUX.	Adjudant retraité, 15 ans 6 mois de services, 15 campagnes dont 6 de guerre, lieutenant de réserve, médaillé militaire 25 janvier 1898 et **chevalier de la Légion d'Honneur** 7 août 1908, stagiaire d'un an au 50e régiment d'infanterie, à Périgueux. Marié, une fille.
Maréchal des logis.	BONJEAN Alexis.	Adjudant retraité, médaillé militaire, **chevalier de la Légion d'Honneur.** Receveur buraliste, 81, rue de Belfort, à Besançon ; marié, deux enfants.
Sergent-fourrier.	FONTENAUD.	Adjudant retraité, médaillé militaire, **chevalier de la Légion d'Honneur,** employé aux chemins de fer de l'Etat, 11, rue Blaise-Pascal, à Tours.
Brigadier.	RAVIN Fernand.	Adjudant retraité, 15 ans 10 mois de services et 23 campagnes, médaillé militaire 11 juillet 1901, **chevalier de la Légion d'Honneur** 11 juillet 1907, commissaire de police à La Flèche (Sarthe); marié, 2 enfants (fille et garçon).
Caporal.	LELIÈVRE Albert.	Adjudant retraité, lieutenant de réserve au 1er Tirailleurs, détaché au Service des renseignements de Meknès (Maroc occidental), médaillé militaire, **chevalier de la Légion d'Honneur.**
Maréchal des logis du 12e régim. d'art.	NEUVILLE.	Capitaine au 31e régiment d'artillerie, Le Mans (Sarthe), médaillé militaire en 1900, inscrit au tableau pour **chevalier de la Légion d'Honneur.** Marié, sans enfant.
Sergt de Tirailleurs sahariens.	PHILIPPOT.	Adjudant retraité, médaillé militaire, commis de l'Assistance publique à la préfecture d'Annecy (Hte-Savoie). Marié, père de deux fils.

GRADES à la Mission	NOMS	SITUATION ACTUELLE
Sergent.	DE MOUSTIERS.	Lieutenant de réserve, stagiaire au 12e Bataillon de Tirailleurs sénégalais, à Salé (Maroc occidental), **chevalier de la Légion d'Honneur** du 21 janvier 1914. Marié, père de 3 enfants, habitant au château de La Briaucellière, pr Orvault (L.-I.).
Brigadier-fourrier, du 3e Spahis algériens	SEGALAS.	Adjudant du 22 mars 1902, retraité du 15 novembre 1904 après 15 ans de services, médaillé militaire du 11 juillet 1901. Inspecteur d'assurances, 17, rue Pharaon, à Toulouse. Célibataire.
Caporal des Tirailleurs sahariens.	KLEITZ.	Adjudant au 3e Tirailleurs algériens, retraité à 15 ans et 6 mois de services et 22 campagnes, médaillé militaire le 11 juillet 1901. Lieutenant au 12e Bataillon territorial de zouaves. Commis des travaux publics à Casablanca (Maroc). Marié, 2 enfants (fille et garçon).
Caporal.	TRABESSAC.	Adjudant au 13e d'infanterie, retraité le 1er février 1913, après 16 ans 11 mois de services dont 14 campagnes. Médaillé militaire du 11 juillet 1901, retiré à Nion, par Montigny-aux-Amognes (Nièvre). Marié, 4 enfants.
Caporal.	GUILLEUX.	Adjudant au 4e d'infanterie, retraité à 15 ans et 5 mois de services et 9 campagnes dont 3 doubles, médaillé militaire juillet 1905. Expéditionnaire à la Préfecture de la Seine, détaché au bureau du Secrétariat de la mairie du IIIe arrondissement. Marié, père de deux garçons, habitant 49, faubourg du Temple, à Paris (Xe arrondissement).
Caporal.	MÉNÁGE.	Sergent libéré. Charcutier, 38, rue de Montreuil, à Versailles.
Spahi saharien de 2e classe.	TRENQUE Aristide.	Adjudant de cavalerie retraité, médaillé militaire, **chevalier de la Légion d'Honneur,** veuf avec deux enfants, remarié à Chalais (Charente).
Tirailleur saharien (ouvrier tailleur).	DELAPORTE.	Adjudant retraité du 141e régiment d'infanterie, médaillé militaire et **chevalier de la Légion d'Honneur** pour blessures de guerre au Maroc occidental en 1908, étant adjudant au 4e Tirailleurs algériens.
Spahi saharien (ouvrier sellier).	CONGUES.	Rengagé dans l'infanterie coloniale, puis retiré à Bordeaux et perdu de vue depuis 1903 par tous ses anciens camarades.

www.ingramcontent.com/pod-product-compliance
Lightning Source LLC
LaVergne TN
LVHW021637170726
843501LV00007B/2264

* 9 7 8 2 3 2 9 6 6 3 1 4 2 *